Penny Holmes
Susan Mallet

sandwichs

photographies de Akiko Ida
stylisme de Sophie Glasser

• MARABOUT •

sommaire

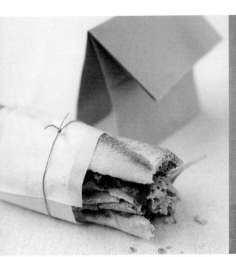

astuces

un peu d'histoire

La légende veut qu'à Londres, en 1762, Sir John Montagu, quatrième comte de Sandwich et joueur invétéré, se refusa à interrompre une partie de cartes pour prendre un repas alors qu'il mourait de faim. Il commanda au maître d'hôtel du rosbif entre deux tranches de pain. Il put ainsi continuer à jouer en savourant son en-cas et le pain lui évita de se graisser les doigts et de salir ses cartes...

Aujourd'hui, baguette, pain de mie, pain de campagne, pain au lait ou brioché, fougasse, ciabatta, pain aux céréales, aux fruits secs ou aux noix, pain libanais, pita, tortillas, muffins et bagels... offrent une palette illimitée à votre imagination, sans compter que les ingrédients sont modulables à l'infini. Aucune autre forme d'alimentation ne présente une telle diversité et de nouvelles idées éclosent tous les jours. John Montagu serait stupéfait de découvrir l'ampleur prise par sa création.

préparer et conserver

• Dans la mesure du possible, préparez les sandwichs juste avant la dégustation.

• Lors de l'assemblage, veillez à ce que la garniture soit répartie jusqu'à l'extrême bord du pain.

• Ne lésinez pas sur la quantité de garniture, sous peine de ne sentir que le goût du pain.

• Si vous préparez des sandwichs la veille, enveloppez-les individuellement de papier paraffiné, placez-les dans des sacs en plastique zippés qui préserveront leur saveur et leur fraîcheur, puis dans une boîte en plastique et conservez-les au réfrigérateur jusqu'au lendemain. Mieux encore, enveloppez chaque demi-sandwich individuellement. Les ingrédients resteront bien en place, le sandwich ne s'affaissera pas et il conservera sa fraîcheur plus longtemps.

sandwichs et équilibre alimentaire

Oh non, les sandwichs ne sont pas « dangereux » pour la ligne, et peuvent être la base d'un repas tout à fait équilibré si l'on respecte quelques règles.

Plutôt qu'un « gros » sandwich, prévoyez-en plusieurs. Le pain apportera l'énergie. L'un des sandwichs sera composé de viande froide pour les protéines, de crudités et de quelques feuilles de salade pour les vitamines et les fibres. Un autre intégrera du fromage pour l'apport en calcium. Ne chargez pas inutilement votre repas en graisse avec de la mayonnaise ou du beurre (voir ci-contre). Complétez par un yaourt et terminez par des fruits ou une compote (prête à consommer), et arrosez le tout de quelques verres d'eau.

« allégez » vos sandwichs

Faites preuve d'imagination : remplacez le beurre par de l'huile d'olive, du pesto (recette page 6), du chutney (recette page 6), une mayonnaise « légère » (recette page 7), de l'avocat en purée relevé de jus de citron, ou du fromage frais parfumé aux herbes fraîche...

5

astuces

sauce pesto

2 bottes de basilic effeuillées • 3 c. à s. bombées de parmesan finement râpé • 50 g de pignons de pin • 2 gousses d'ail pilées • 10 cl d'huile d'olive • sel et poivre noir du moulin

Préchauffez le four à 220 °C. Étalez les pignons sur une plaque à pâtisserie garnie de papier sulfurisé, enfournez et laissez dorer 3 à 5 minutes. Laissez refroidir. Hachez finement l'ail au robot. Ajoutez les pignons, le basilic, le parmesan, l'huile d'olive, le sel et le poivre dans le bol du robot et mixez jusqu'à obtention d'une pâte verte épaisse. Vous pouvez conserver le pesto jusqu'à trois semaines au réfrigérateur, dans un bocal fermé hermétiquement.

chutney aux abricots

400 g d'abricots secs en petits morceaux • 1 c. à c. de graines de coriandre • 225 g de sucre roux • 425 ml de vinaigre de cidre • 1 oignon moyen haché • 50 g de raisins de Smyrne • 2 c. à s. de gingembre frais finement râpé • 2 gousses d'ail finement hachées • 1 c. à c. de sel • 1/2 c. à c. de poivre de Cayenne • le zeste râpé et le jus de 1 orange

Mettez les abricots dans une grande casserole. Faites chauffer les graines de coriandre dans une petite poêle antiadhésive et remuez en permanence jusqu'à ce que les graines grésillent. Pilez-les dans un mortier, ajoutez aux abricots. Ajoutez tous les autres ingrédients dans la casserole, faites chauffer à feu doux et remuez jusqu'à dissolution du sucre. Couvrez et laissez mijoter 45 minutes à 1 heure, en remuant pour éviter que le chutney n'attache.

mayonnaise « légère »

40 g de fromage frais • 1 c. à c. de moutarde de Dijon • 1 c. à c.
de jus de citron • sel et poivre noir du moulin

Mélangez tous les ingrédients, salez et poivrez. Vous pouvez
ajouter un jaune d'œuf qui donnera une teinte plus intense
à cette sauce.

salsa à la tomate et au poivron rouge

1 tomate moyenne bien mûre pelée et épépinée • 1 petit poivron
rouge • 1/2 petit oignon rouge • 1 gousse d'ail • le jus de 1/2 citron
• 1 petit piment rouge épépiné (facultatif) • 1 botte de coriandre
fraîche • 2 c. à s. d'huile d'olive • sel et poivre noir du moulin

Hachez finement au robot l'oignon rouge, le poivron, l'ail
et le piment. Ajoutez la tomate, la coriandre, le jus de
citron et l'huile d'olive, et mixez jusqu'à obtention d'une
purée grossière. Salez et poivrez.

Fromage de chèvre et jambon cru

Pour 4 sandwichs

4 petits pains à la figue sèche ou aux fruits secs

1 bûche de chèvre frais crémeux

4 fines tranches de jambon cru

2 figues bien mûres

Coupez les petits pains en deux.

Détaillez le chèvre en tranches épaisses, ou tartinez-le s'il est très moelleux.

Posez une tranche de jambon cru, puis des tranches de figues fraîches et fermez les sandwichs.

Variantes | Remplacez les figues par des pêches ou des abricots secs.

Remplacez le jambon cru par un salami pimenté.

Essayez différents types de chèvre : aux herbes, au poivre, à pâte plus ou moins tendre...

Façon « salade niçoise »

Pour 4 sandwichs

1 grand pain ou 4 petits pains aux olives

75 g de haricots verts

2 œufs

2 grosses tomates

12 olives noires dénoyautées et coupées en deux

8 anchois

150 g de thon à l'huile en conserve, bien égoutté et émietté

4 c. à s. de mayonnaise « légère » (recette page 7)

1 c. à c. de câpres (facultatif)

poivre noir du moulin

Plongez les haricots 2 à 3 minutes dans l'eau bouillante et faites bouillir les œufs 7 minutes.

Rafraîchissez les uns et les autres à l'eau froide.

Égouttez les haricots.

Écalez les œufs et coupez-les en tranches épaisses.

Tartinez le pain de mayonnaise légère.

Coupez les tomates en tranches épaisses et disposez celles-ci sur le pain, puis ajoutez en couches successives le thon émietté, les haricots verts, les tranches d'œufs, les olives, les anchois et les câpres.

Poivrez à votre goût.

Variantes | Si vous le souhaitez, vous pouvez mélanger tous les ingrédients dans un saladier, avec la mayonnaise, avant d'en garnir le pain.

Pour un sandwich plus « élégant », remplacez le thon émietté par de fines tranches de thon frais, saisies sur un gril quelques minutes de chaque côté. Parsemez de grains de poivre concassés.

Remplacez les œufs de poule par des œufs de caille.

Poulet à la mangue

Pour 4 sandwichs

1 grand pain de campagne
au maïs

2 blancs de poulet (avec peau)
rôti ou dorés à la poêle

1 mangue fraîche mûre mais
pas trop molle, émincée

2 c. à s. de chutney
de mangue

feuilles de romaine ciselées
(ou autre salade)

sel, poivre noir du moulin

Coupez le pain en tranches fines et tartinez généreusement celles-ci de chutney de mangue.

Émincez les blancs de poulet avec la peau, salez et poivrez.

Composez des couches successives de poulet, de lamelles de mangue et de salade ciselée

Conseil | Pour couper la mangue, posez-la verticalement, la partie ovale et le pédoncule dirigés vers le haut. À l'aide d'un couteau bien aiguisé, coupez du pédoncule vers le bas en longeant le noyau pour dégager une moitié du fruit. Pelez et émincez.

Variantes | Poulet, avocat et Boursin ; poulet, copeaux de parmesan, laitue ciselée et mayonnaise ou assaisonnement César ; poulet, feuilles de laitue et fromage frais à l'estragon haché (frais ou séché) ; poulet, tomates séchées et pesto.

Houmous au poivron

Pour 8 sandwichs

4 pains libanais

150 g de houmous

1/2 poivron rouge détaillé
en lamelles

12 olives vertes dénoyautées
coupées en deux

1 botte de coriandre

sel, poivre noir du moulin

Coupez les pains en deux dans l'épaisseur et séparez-les.

Tartinez généreusement de houmous.

Disposez successivement les lamelles de poivron, les olives
et quelques brins de coriandre.

Salez et poivrez et enroulez les sandwichs sur eux-mêmes.

Variantes | Mélangez de la menthe fraîche ciselées avec le houmous,
incorporez un filet de jus de citron et poivrez généreusement.

Étalez une fine couche de tapenade avant le houmous pour
une saveur plus relevée.

Ajoutez de l'ail rôti.

Jambon, avocat et tomates séchées

Pour 4 sandwichs

1 baguette fraîche

8 fines tranches de jambon

1 avocat bien mûr émincé

quelques pousses d'épinards

1 pot de tomates séchées

2 c. à s. de mayonnaise
« légère » (recette page 7)
à la moutarde à l'ancienne

Coupez la baguette en quatre tronçons, puis ceux-ci en deux dans l'épaisseur.

Tartinez de mayonnaise légère. Disposez les pousses d'épinards, puis les tranches de jambon et terminez par les lamelles d'avocat et les tomates séchées.

Fermez les sandwichs et pressez légèrement.

Conseil | Si vous ne consommez pas les sandwichs immédiatement, arrosez l'avocat d'un filet de jus de citron pour éviter qu'il ne brunisse.

Brie, pomme et noix

Pour 4 sandwichs

1 baguette fraîche

1 part de brie bien fait

1 pomme coupée en fines lamelles et arrosée de jus de citron

4 noisettes de beurre

1 poignée de cerneaux de noix

Détaillez la baguette en tronçons et coupez ceux-ci en deux dans l'épaisseur.

Beurrez légèrement le pain, disposez de fines tranches de brie, des lamelles de pomme et des cerneaux de noix concassée.

Refermez les sandwichs et pressez légèrement.

Variantes | Vous pouvez remplacer le brie par du bleu, la pomme par la poire, ajouter des fruits secs, des graines aromatiques ou encore du chutney d'abricots (recette page 6).

Façon « salade grecque »

Pour 4 sandwichs

4 pitas

200 g de feta détaillée en cubes

une douzaine d'olives noires

1/2 oignon rouge émincé

2 tomates détaillées en cubes

1/2 concombre détaillé en cubes

le jus de 1/2 citron

1 c. à s. d'huile d'olive

125 g de yaourt nature

sel, poivre noir du moulin

Dans un bol, salez légèrement et poivrez le yaourt nature.

Coupez les pitas en deux et nappez-en l'intérieur de yaourt.

Dans un saladier, mélangez la feta, les olives, l'oignon, les tomates, l'huile d'olive et ajoutez un trait de jus de citron.

Garnissez les pitas de cette préparation.

Variantes | Pour une garniture plus homogène, mélangez tous les ingrédients avec le yaourt dans un saladier avant de garnir le pain. Vous pouvez aussi utiliser du pain lavash ou libanais.

Saumon frais au cresson de fontaine

Pour 4 sandwichs

8 tranches de pain de mie complet

100 g de saumon frais (ou de truite)

1 botte de cresson de fontaine

1 c. à s. d'aneth ciselée

2 c. à s. de crème fraîche ou de fromage frais

1 c. à s. de mayonnaise

1 feuille de laurier

quelques grains de poivre noir

le jus de 1/2 citron

poivre noir du moulin

Placez le poisson dans une casserole et couvrez-le d'eau. Ajoutez une feuille de laurier et les grains de poivre pour parfumer le bouillon. Portez doucement à ébullition et laissez mijoter 7 à 10 minutes selon l'épaisseur du poisson.

Égouttez, retirez la peau et les arêtes, et émiettez la chair.

Mélangez la crème fraîche, la mayonnaise et l'aneth, puis étalez la préparation sur les tranches de pain.

Disposez le poisson et le cresson, arrosez d'un filet de jus de citron et poivrez généreusement.

Refermez des tranches de pain restantes. Coupez les sandwichs en deux en diagonale.

Variantes | Ajoutez 1 c. à s. de moutarde à la crème fraîche. Remplacez le saumon frais par du saumon fumé.

Rosbif et roquette au raifort

Pour 4 sandwichs

4 tranches de pain Poilâne
(ou de pain de campagne)

250 g de rosbif en tranches
fines

2 c. à s. de raifort

2 c. à s. de crème fraîche

1 poignée de feuilles
de roquette

poivre noir du moulin

Dans un bol, mélangez le raifort et la crème fraîche.

Tartinez les tranches de pain de crème au raifort.

Disposez les tranches de rosbif sur le pain, puis les feuilles de roquette.

Poivrez légèrement avant de refermer les sandwichs.

Variantes | Ajoutez des cornichons hachés dans la crème au raifort, ou remplacez le raifort par de la crème fraîche mélangée à de la moutarde à l'ancienne.

Le « BLT » (Bacon Lettuce Tomato) à l'américaine

Pour 4 sandwichs

8 tranches de pain de mie

8 tranches de bacon maigre

2 tomates

feuilles de laitue Iceberg

2 c. à s. de mayonnaise

Dans une poêle, sans matière grasse, faites légèrement griller le bacon dont le pourtour doit être croustillant.

Coupez les tomates en rondelles.

Toastez légèrement le pain, laissez-le refroidir et tartinez-le de mayonnaise.

Disposez les tranches de bacon sur quatre tranches de pain, puis les rondelles de tomates et terminez par des feuilles de laitue.

Recouvrez d'une seconde tranche de pain et coupez les sandwichs en deux.

Crevettes sauce cocktail

Pour 4 sandwichs

8 grandes tranches de pain aux céréales

120 g de crevettes cuites décortiquées

2 c. à s. de mayonnaise

1 c. à s. de ketchup

le jus de 1/2 citron

quelques feuilles de laitue Iceberg

sel, poivre noir du moulin

Dans un bol, mélangez la mayonnaise, le ketchup et le jus de citron pour réaliser la sauce cocktail. Salez et poivrez légèrement

Tartinez les tranches de pain de sauce cocktail.

Disposez les crevettes, puis les feuilles de laitue ciselées.

Poivrez et arrosez d'un trait de jus de citron.

Variantes | Ajoutez des lamelles d'avocat. Remplacez les crevettes par de la chair de crabe. Associez des langoustines et des feuilles de roquette, assaisonnez de mayonnaise et de jus de citron. Pour les grandes occasions, laissez-vous tenter par le homard !

Œufs mimosa au cresson alénois

Pour 4 sandwichs

8 tranches de pain de mie complet

3 œufs

1 à 2 c. à s. de mayonnaise ou de mayonnaise « légère » (recette page 7)

1 barquette de cresson alénois

sel, poivre noir du moulin

Sortez les œufs du réfrigérateur à l'avance afin qu'ils soient à température ambiante.

Plongez-les dans l'eau bouillante et laissez cuire à eau frémissante 7 à 8 minutes, puis rafraîchissez-les à l'eau froide 1 à 2 minutes.

Attendez qu'ils soient revenus à température ambiante pour les écaler, puis écrasez-les dans un saladier.

Salez et poivrez.

Incorporez aux œufs une quantité de mayonnaise suffisante pour obtenir une consistance homogène.

Découpez chaque tranche de pain en rond à l'aide d'un verre.

Répartissez l'œuf mimosa sur quatre rondelles de pain, disposez le cresson et recouvrez des autres rondelles de pain.

Conseil | Préparez ces sandwichs en grande quantité car ils obtiennent toujours un franc succès.

Cheddar et chutney

Pour 4 personnes

4 petits pains aux céréales

200 g de cheddar coupé
en tranches épaisses

6 c. à s. de chutney d'abricots
(recette page 6)

quelques feuilles de laitue

Coupez les petits pains en deux dans l'épaisseur.

Étalez un peu de chutney sur la base et mettez une feuille de salade.

Émiettez le cheddar sur la salade, ajoutez du chutney et recouvrez du chapeau de pain.

Variante | Ajoutez quelques cerneaux de noix concassés ou encore des fines lanières de branche de céleri.

Muffin du matin

Pour 4 muffins

4 muffins

8 tranches de bacon maigre

4 rondelles de tomate épaisses

4 œufs

sel, poivre noir du moulin

Dans une poêle bien chaude, sans matière grasse, faites griller le bacon dont le pourtour doit être croustillant. Faites également griller les rondelles de tomates puis frire les œufs dans une noix de beurre. Quand le blanc a pris, couvrez la poêle et attendez que le jaune ait également légèrement pris.

Coupez les muffins en deux et toastez-les muffins.

Garnissez-les successivement de bacon, de tomate puis des œufs.

Salez et poivrez généreusement.

Variante | Ajoutez des champignons émincés légèrement revenus à la poêle.

Poulet mariné chaud

Pour 4 sandwichs

8 belles tranches de pain
de campagne

2 blancs de poulet, coupés
en deux en diagonale

3 c. à s. de crème fraîche

1 botte de persil plat

quelques feuilles de romaine

sel, poivre noir du moulin

Marinade

le jus et le zeste de 1/2 citron

1 c. à s. d'huile d'olive

1 gousse d'ail pilée

1 c. à s. de persil ciselé

sel, poivre noir du moulin

Préparez la marinade en tous les ingrédients. Faites mariner les blancs de poulet 1 à 2 heures, plus longtemps si possible.

Égouttez bien les blancs de poulet et faites-les griller dans un poêle à feu vif.

Hachez le persil au robot, ajoutez la crème fraîche et mixez jusqu'à obtention d'une pâte verte homogène.

Salez et poivrez.

Étalez la crème persillée sur le pain, disposez le poulet puis les feuilles de salade.

Salez et poivrez avant de refermer les sandwichs.

Bœuf chaud aux oignons

Pour 4 sandwichs

4 petits pains pavés

400 g environ de steak tendre

2 oignons finement émincés

1 c. à s. d'huile d'olive

1 c. à s. de moutarde de Dijon

1 c. à s. de crème fraîche

quelques feuilles de laitue

Dans une poêle, faites fondre les oignons dans l'huile d'olive. Préchauffez un gril en fonte à haute température et faites griller la viande environ 2 minutes de chaque côté, en fonction de l'épaisseur et de la cuisson désirée (saignante ou à point). Laissez reposer 1 à 2 minutes.

Pendant ce temps, mélangez dans un bol la moutarde de Dijon et la crème fraîche.

Coupez les petits pains en deux et tartinez-les de crème à la moutarde.

Tranchez finement la viande en diagonale.

Disposez successivement les oignons, la viande, l'oignon et les feuilles de salade. Refermez les sandwichs.

Conseils | Vous pouvez remplacer la crème à la moutarde par du pesto (recette page 6) et ajouter des rondelles de tomate. Remplacez la laitue par de la roquette.

Tortilla, salsa y chorizo

Pour 4 personnes

8 tortillas

4 grandes tranches de chorizo finement émincées

4 c. à s. de salsa à la tomate et au poivron rouge (recette page 7)

4 c. à s. de gruyère ou d'emmenthal râpé

Placez une tortilla dans une poêle antiadhésive, sans matière grasse.

Parsemez de lamelles de chorizo, ajoutez 1 c. à s. de salsa et 1 c. à s. de fromage râpé.

Couvrez d'une autre tortilla et faites chauffer à feu moyen 2 à 3 minutes environ.

Retournez avec précaution et poursuivez la cuisson 2 à 3 minutes ; le fromage doit avoir fondu et la tortilla doit être dorée.

Renouvelez l'opération jusqu'à épuisement des ingrédients.

Coupez les tortillas garnies en six parts.

Variantes | Variez les saucissons : au poivre, épicé... Remplacez le chorizo par du jambon blanc ou du salami. Variez les fromages : chèvre, cheddar...

Légumes rôtis et mozzarella

Pour 4 sandwichs

1 grande ciabatta

1 gros oignon rouge

1 courgette

1 aubergine

2 c. à s. d'huile d'olive

1 gousse d'ail hachée

3 à 4 c. à s. de pesto
(recette page 6)

1 boule de mozzarella

sel, poivre noir du moulin

Émincez l'oignon, la courgette et l'aubergine.

Mélangez soigneusement les légumes émincés avec l'huile d'olive et l'ail. Salez et poivrez. Faites griller les légumes sur un gril en fonte ou faites-les rôtir 15 à 20 minutes à four moyen (th. 7). Laissez refroidir.

Coupez la ciabatta dans l'épaisseur. Tartinez généreusement les tranches de pain de pesto.

Couvrez de légumes et terminez par des lamelles de mozzarella. Salez et poivrez.

Passez le sandwich ouvert sous le gril du four environ 5 minutes pour faire fondre le fromage.

Recouvrez de l'autre moitié du pain avant de découper en portions.

Conseil | Acommpagné d'une soupe, ce copieux sandwich pourra constituer un déjeuner parfait !

Mini koftas au yaourt

Pour 4 sandwichs

4 pitas

250 g de viande d'agneau
hachée

1 c. à c. de coriandre moulue

1 c. à c. de cumin moulu

4 c. à c. de menthe fraîche
finement ciselée

quelques feuilles de menthe

2 c. à c. de feuilles de
coriandre finement ciselées

250 g de yaourt nature

2 c. à s. de pignons de pin

le jus et le zeste finement
râpé de 1 citron

sel et poivre noir du moulin

Mélangez intimement la viande d'agneau avec le cumin
et la coriandre moulus, la coriandre fraîche et la moitié
de la menthe.

Formez des boulettes de la taille d'une noix et faites-les
revenir 8 à 10 minutes ; elles doivent être cuites et dorées
sans être desséchées. Laissez refroidir.

Faites légèrement griller les pignons de pin à sec dans
une poêle bien chaude.

Incorporez la menthe ciselée restante au yaourt, salez
et poivrez.

Ouvrez les pitas en deux (vous pouvez les passer quelques
minutes au grille-pain auparavant, cela facilitera l'opération).

Étalez le yaourt sur la paroi intérieure des pitas et parsemez
de pignons de pin.

Arrosez les boulettes d'un trait de jus de citron avant
d'en garnir les pitas.

Parsemez de zeste de citron et décorez de feuilles de menthe.

Bagels de saumon fumé aux œufs brouillés

Pour 4 bagels

4 bagels

4 tranches de saumon fumé

4 gros œufs

25 g de beurre environ

2 c. à s. de lait entier

4 c. à s. de fromage frais
(type Saint-Moret)

4 c. à c. d'œufs de saumon

quelques brins de ciboulette
ciselée

sel, poivre noir du moulin

Dans un saladier, battez les œufs avec le lait, salez et poivrez.

Faites fondre le beurre à feu très doux dans une poêle antiadhésive. Versez les œufs battus et remuez tout au long de la cuisson avec une spatule en bois. Prenez votre temps - une cuisson lente est la garantie d'une texture onctueuse. Retirez la poêle du feu quand la consistance vous convient.

Coupez les bagels en deux et toastez-les légèrement.

Étalez une couche généreuse de fromage frais, disposez une tranche de saumon fumé repliée, puis des œufs brouillés.

Poivrez et parsemez d'œufs de saumon et de ciboulette ciselée.

Conseils | Une recette parfaite pour le brunch du dimanche. Servez avec des quartiers de citron.

Crêpes chinoises au porc

Pour 8 crêpes

8 crêpes de Pékin (dans les épiceries asiatiques)

400 g de viande de porc hachée

2 c. à s. d'huile

1 gousse d'ail hachée

1 morceau de gingembre frais de 2 cm haché

75 g de champignons de Paris frais émincés

2 belles poignées de germes de soja

2 c. à s. de sauce d'huîtres

Faites revenir l'ail et le gingembre 1 minute environ dans un wok ou une poêle antiadhésive avec 1 c. à s. d'huile. Ajoutez les champignons et poursuivez la cuisson 1 à 2 minutes. Ajoutez la viande et émiettez-la à la fourchette.

Quand la viande est cuite, ajoutez les germes de soja et la sauce d'huîtres et poursuivez la cuisson 1 minute ; les germes de soja doivent être à peine saisis. Réservez.

Enveloppez les crêpes de papier absorbant et faites-les chauffer au micro-ondes 30 secondes environ, à faible puissance.

Présentez à table les crêpes et la viande et laissez aux convives le soin de garnir leurs crêpes.

Sandwichs triplex

Pour 4 « triplex »

8 tranches de pain pumpernickel

8 tranches de pain de mie blanc

8 tranches de pain de mie complet

1 barquette de fromage frais (type Saint-Moret)

4 tranches de saumon fumé

le jus de 1 citron

1 pot de mousse de canard

1 cœur de romaine

poivre noir du moulin

1 petite barquette de carottes râpées

1 barquette de pousses d'alfalfa

2 noisettes de beurre

quelques raisins secs

Tartinez les tranches de pain pumpernickel de fromage frais. Posez les tranches de saumon fumé sur quatre tranches. Poivrez et arrosez d'un trait de jus de citron. Refermez des avec les quatre autres tranches et pressez légèrement.

Coupez la croûte des tranches de pain de mie blanc de façon que celles-ci soient de la même taille que le pumpernickel. Tartinez-les de mousse de canard et disposez des feuilles de laitue. Couvrez des autres tranches de pain et pressez légèrement.

Coupez la croûte des tranches de pain de mie complet de façon que celles-ci soient de la même taille que le pumpernickel. Beurrez quatre tranches. Disposez les carottes râpées, parsemez de raisins secs et de pousses d'alfalfa. Couvrez des autres tranches de pain et pressez légèrement.

Composez quatre « triplex » en empilant les trois sortes de sandwichs et enveloppez-les dans du papier sulfurisé.

Sandwichs roulés

Pour 4 personnes

8 tranches de pain de mie
complet sans la croûte

4 tranches de saumon fumé

beurre manié avec un peu de
jus de citron

1 barquette de fromage frais
(type Saint-Moret)

1 bouquet de ciboulette
finement ciselée

le jus de 1 citron

poivre noir du moulin

Posez deux tranches de pain sur le plan de travail, leurs bords
se chevauchant sur 1 centimètre.

Aplatissez-les au rouleau à pâtisserie en veillant à ce que
les bords soient bien soudés, puis beurrez.

Disposez deux tranches de saumon fumé, badigeonnez-les
légèrement de jus de citron et poivrez.

Enroulez le sandwich sur lui-même dans la longueur
et enveloppez le roulé de film étirable alimentaire. Laissez-le
raffermir au moins 30 minutes au réfrigérateur.

Répétez l'opération avec deux tranches de pain et de saumon.

Dans un bol, mélangez la ciboulette et le fromage frais
et poivrez légèrement. Garnissez deux autres roulés de
ce mélange en opérant comme précédemment.

Quand les roulés sont bien frais, retirez le film alimentaire
et coupez les extrémités irrégulières. Découpez ensuite
les roulés en tranches épaisses à l'aide d'un couteau bien
aiguisé en prenant soin de ne pas les écraser.

The British Cucumber Sandwich

Pour 4 sandwichs

8 tranches de pain de mie complet

1 petit concombre

20 g de beurre

sel, poivre noir du moulin

Découpez le concombre en très fines rondelles 20 minutes avant de préparer les sandwichs. Saupoudrez d'une demie cuillère à café de sel, remuez et transférez dans une passoire. Laissez dégorger.

Au bout de 20 minutes, goûtez une lamelle de concombre. Si elle est trop salée, rincez à l'eau froide. Épongez le concombre avec du papier absorbant.

Beurrez les tranches de pain. Disposez des rondelles de concombre à demi superposées sur quatre tranches de pain. La couche de concombre doit être assez épaisse. Poivrez.

Couvrez des quatre autres tranches de pain. Coupez la croûte et découpez chaque sandwich en quatre triangles.

Variante | Remplacez le beurre par de la mayonnaise « légère » (recette page 6).

Conseil | Accompagnez ces sandwichs d'une tasse de thé Earl Grey agrémenté d'une rondelle de citron ou d'un nuage de lait.

Tout sucre, tout miel

Pour 4 personnes

4 tranches de pain de mie

beurre doux

1 c. à s. de miel solide

1 c. à s. de nonpareilles

Beurrez les tranches de pain, tartinez-les de miel ou parsemez-les de nonpareilles.

Coupez la croûte et découpez à l'aide d'emporte-pièce de formes différentes.

Variantes | Utilisez de la confiture ou du beurre de cacahuètes, ou parsemez de vermicelles de chocolat.

Banane-Nutella

Pour 4 personnes

4 petits pains au lait

2 c. à s. de Nutella

1 banane

Coupez les pains au lait en deux.

Étalez la Nutella et couvrez de tranches de banane...
et refermez.

Variante | Beurre de cacahuètes + banane ; beurre de cacahuètes
+ Nutella + banane ; beurre de cacahuètes + confiture + banane ;
Nutella + de kiwi.

Brioche au fromage blanc et aux fruits

Pour 4 sandwichs

8 tranches de brioche

150 g barquette de fromage blanc

mélange de fruits rouges (fraises, framboises, myrtilles, mûres) lavés, séchés et coupés en deux pour les plus gros

4 c. à s. de miel liquide

Mélangez les trois quarts des fruits avec le fromage blanc.

Étalez une couche généreuse de ce mélange sur quatre tranches de brioche et ajoutez quelques fruits.

Arrosez d'un filet de miel et recouvrez d'une seconde tranche de brioche.

Conseil | Prévoyez des petites serviettes pour vous protéger des coulures de miel !

Cookies glacés

Pour 12 pièces

24 cookies aux pépites de chocolat

250 ml de crème glacée de votre choix

Sortez la crème glacée du congélateur et laissez-la légèrement ramollir.

Étalez une cuillerée de crème glacée sur un cookie et recouvrez d'un autre cookie. Procédez avec délicatesse pour ne pas briser les biscuits !

Disposez les cookies sur un plateau et conservez-les au congélateur jusqu'au moment de servir.

Variante | Utilisez des cookies nature et incorporez à de la crème glacée à la vanille des Smarties ou des Maltesers pilés.

Shopping

Le Bon Marché assiette, p. 13 ; planche, p. 35 ; boîte, p. 51
• Panibois Corbeille, p. 21 • Muji assiette, p. 30 ; verre
p. 32, p. 45 ; tasse p. 35 • BHV couteau, p. 47 • Bonton
assiette, p. 57 ; gobelet, p. 59

Une partie des droits d'auteur de ce livre sera reversée au bénéfice
de la recherche contre le cancer du sein
en France et en Grande-Bretagne.

© Marabout 2006

texte traduit de l'anglais par Catherine Bricout

ISBN : 2501-04811-3
40.9744.0/01
Dépôt légal : 67400/mars 2006
Imprimé en France par Pollina - L98839